L^{27}n 1665 0.

ÉTUDE
DE
MONSEIGNEUR DE PRESSY,
Évêque de Boulogne.

RAPPORT
SUR LE CONCOURS D'HISTOIRE

Proposé par l'Académie d'Arras en 1856.

PAR

M. l'Abbé ROBITAILLE,

Membre résidant.

ARRAS.
TYP. ET LITH. DE A. COURTIN, IMPRIMEUR DE L'ACADÉMIE,
Rue du 29 Juillet.

Juillet 1857.

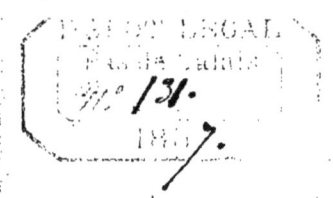

RAPPORT

SUR LE

CONCOURS D'HISTOIRE,

PAR

M. L'ABBÉ ROBITAILLE,

Membre résidant.

MESSIEURS,

L'Académie, en donnant pour sujet du concours de 1856 l'*Étude de Monseigneur de Pressy, sa vie et ses écrits*, n'avait pas la pensée d'arracher à l'oubli une mémoire qu'une éminente sainteté et un profond savoir ont rendue impérissable. Elle savait que son souvenir est vivant, non-seulement sur cette terre qu'il arrosa de ses sueurs, féconda de ses travaux et enrichit de ses bienfaits, mais encore dans la France entière, où ses vertus sont en vénération et ses écrits justement appréciés par les hommes solidement instruits.

Mais en reconnaissant que de nombreuses sympathies se

réunissent autour du nom de l'ancien évêque de Boulogne, elle ne se dissimulait pas qu'il manquait encore d'historien. Il avait eu, il est vrai, un éloquent panégyriste dans M. l'abbé Coquatrix, et pour un évêque ordinaire la postérité n'eût rien demandé de plus. Mais Mgr de Pressy était un prélat remarquable par les grandes choses qu'il avait faites pendant son épiscopat semi-séculaire, et plus encore peut-être par les savants écrits qu'il avait laissés.

Quelques fleurs jetées sur sa tombe, quelques louanges sorties d'une bouche amie, ne pouvaient payer la dette de nos contrées envers un homme qui en était une des gloires les plus pures. On ne saurait tout dire, en effet, dans un éloge funèbre, parce que les limites en sont nécessairement restreintes, et que, prononcé immédiatement après la mort de celui auquel il s'adresse, il n'est que le premier jet d'une pensée dont le développement complet sera l'œuvre du temps et de la réflexion, surtout quand il s'agit d'une vie qui touche par tant de côtés aux intérêts les plus graves, et d'ouvrages nombreux dont le mérite ne pouvait être parfaitement apprécié que par la postérité.

Aussi, malgré la valeur incontestable du travail de son vicaire général, l'ancien évêque de Boulogne n'était pas suffisamment connu. Certains préjugés peu favorables, habilement répandus par des hommes dont il avait combattu les doctrines, avaient même laissé çà et là des traces profondes. Si jamais la calomnie n'avait osé atteindre sa vie si sainte, ni ses intentions si droites, du moins, elle avait essayé de jeter de l'ombre sur ses grandes qualités et de rabaisser le mérite de ses ouvrages. Des gens honnêtes s'étaient laissés prendre à ce piège. Ils croyaient que le vénéré prélat avait plus de bonne volonté que de lumières, plus de zèle que de perspicacité. Ils ajoutaient que ses écrits, remplis d'idées systématiques, étaient diffus, obscurs, dangereux, opposés à la saine philosophie et aux doctrines de l'église.

Le judicieux auteur des *Mémoires pour servir à l'histoire ecclésiastique au XVIIIe siècle*, avait émis des doutes sur la justesse de quelques-unes de ses assertions. Cette critique, admise sans contrôle par les biographes, prit sous leur plume des proportions plus grandes, et se transforma, en descendant les années, en une accusation assez sérieuse pour effrayer les esprits timides, et rendre suspecte la foi du saint évêque de Boulogne.

D'autres le blâmaient d'avoir innové en matière de liturgie, sans l'autorisation du souverain pontife. La suppression de plusieurs fêtes, et la révision du propre des saints du diocèse leur paraissaient des énormités condamnables. En sorte qu'il était simultanément en butte aux attaques des ennemis de la religion, dont il se montrait un des plus habiles adversaires, et aux reproches de ces zélateurs, qui ne veulent pas compter avec les coutumes séculaires et les exigences des temps.

Il fallait débarrasser la vérité des nuages amassés autour d'elle par des hommes intéressés à ternir la gloire de l'illustre prélat et par ces écrivains légers, qui font de l'histoire à l'aide de ciseaux, au lieu de remonter aux sources et de discuter les témoignages. Il fallait mettre Mgr de Pressy dans son véritable jour et lui restituer ses traits défigurés par l'injustice et la prévention. Ce but ne pouvait être atteint que par une étude approfondie des documens de l'époque et en particulier de ses ouvrages, où sont consignées, à côté des actes de son épiscopat et de sa vie privée, ses doctrines religieuses et philosophiques. Tel était le sens du programme de l'Académie.

Nous sommes heureux de vous dire, Messieurs, que son appel a été entendu. Deux mémoires lui ont été envoyés sur la vie et les œuvres de l'ancien évêque de Boulogne, tous deux étendus, sérieux, savants et véritablement dignes de l'importance du sujet, bien que d'un mérite inégal. Les concurrents ont lu attentivement tout ce qui est sorti de sa plume féconde, comme il est facile de s'en convaincre, en parcourant leur travail, qui n'est qu'une série de passages extraits de ses volumineuses compositions. Sans doute, l'oraison funèbre du prélat, les chroniques inédites et les traditions locales, lorsqu'elles semblaient authentiques, n'ont pas été négligées ; mais ses écrits sont la source principale, où ils ont puisé leurs matériaux et ces traits caractéristiques, qui font de Mgr de Pressy une des plus belles figures du dernier siècle, considéré comme évêque, comme apologiste et comme auteur ascétique.

Sous ce triple aspect il se montre véritablement grand dans leurs pages, remplies de recherches consciencieuses, et empreintes d'un sentiment de profonde vénération. L'Évêque y parait constamment animé du désir de s'immoler à la gloire de Dieu et au bien des âmes par la pratique de la charité et le sacrifice de lui-même. Ces heureuses dispositions, qu'il avait cultivées au sein d'une famille encore plus distinguée par ses nobles vertus, que par sa haute position sociale, se développent pendant son éducation cléricale, au séminaire de St-Sulpice, brillent avec éclat au début de sa carrière ecclésiastique et l'accompagnent jusqu'au dernier soupir de sa vie.

Ses premiers soins, en prenant possession de son siége, se tournent vers son clergé. Déjà il avait eu l'occasion de le connaître, étant depuis quatre ans vicaire général de son prédécesseur ; néanmoins avant de lui communiquer ses vues, il le réunit en synode, pour l'interroger sur l'état du diocèse. Cette marche naturelle lui permet de traiter avec prudence les intérêts de la religion et ceux de son église en particulier ; de tracer à ses coopérateurs des règles propres à former leur vie intérieure, à exciter leur dévouement, à coordonner leurs efforts et à fortifier leur action sur les peuples. Il établit ensuite pour eux des retraites régulières, où il les encourage par la douceur et la force de ses exhortations et les édifie par sa présence aux exercices qu'il suit avec l'exactitude la plus scrupuleuse.

Il se fait surtout remarquer dans son administration par un coup-d'œil sûr et par un zèle infatigable. De là cet empressement à s'entourer d'hommes distingués par leurs qualités éminentes ; cette discrétion dans le choix des sujets destinés aux cures ; ces examens préparatoires ; ces concours et ces conférences d'où naissent l'émulation, le goût de l'étude et l'amour du devoir ; ces instructions pastorales pour le carême de chaque année, dont il introduit l'usage, inconnu avant lui, dans le diocèse ; ces avis fréquents, envoyés à ses prêtres, pour les éclairer dans les circonstances graves ; ces tournées épiscopales, où il se montre à la fois observateur habile, réformateur prudent, sage conseiller, et père affectueux. De là encore cet ensemble d'institutions, qui sont en même temps la base et l'aliment de la vie sacerdotale, et comme le code du clergé, je veux dire, les statuts synodaux, le rituel et le catéchisme. Dans ces œuvres diverses le prélat fait preuve d'une science théologique aussi sûre qu'étendue, d'une connaissance profonde des lois de l'Eglise, qui le mettent en garde, d'un côté, contre un relâchement condamnable, et de l'autre, contre une sévérité désespérante ; d'un tact exquis, qui lui donne ce langage bienveillant, d'où sont bannies les expressions dures et les formes trop impératives, enfin d'une grande souplesse d'esprit, à l'aide de laquelle il s'élève aux plus hautes considérations et s'insinue sans efforts dans la raison naissante de l'enfance.

La législation cléricale était complétée ; mais il manquait un établissement destiné au recrutement de la tribu sainte. Boulogne n'avait pas de petit séminaire ; et depuis l'avènement de Mgr de Pressy au siége épiscopal de cette villle, des circonstances diverses avaient mis obstacle à sa fondation. Il lui fut enfin donné de réaliser cette œuvre importante, à laquelle il consacra personnellement une somme de cent cinquante mille francs, et qu'il regardait avec raison comme le couronnement de son organisation diocésaine.

En formant son clergé à la science et à la perfection de son état, le saint évêque travaillait d'une manière efficace au bien spirituel de ses ouailles. Il savait que, malgré son dévouement, le premier pasteur ne peut entrer en relation avec elles qu'à de rares intervalles, tandis que la mission du prêtre le met chaque jour en contact avec la portion du troupeau confié à ses soins, et lui donne sur elle une influence plus directe et plus puissante. Aussi comptait-il sur ses chers coopérateurs pour l'extension du règne de Dieu et l'avenir religieux de ses diocésains.

Cependant il saisissait avec bonheur toutes les occasions de multiplier ses rapports avec son peuple bien aimé. C'est pour cela qu'il fit huit fois la visite de toutes les paroisses de son diocèse, et que dans ses courses apostoliques il ne se contentait pas de faire entendre sa voix du haut de la chaire, mais s'entretenait avec toutes les personnes dont les fonctions ou la position sociale les mettaient à même de procurer le bien des âmes et d'améliorer la situation matérielle des localités. Il interrogeait lui-même les enfants, pour connaître leur degré d'instruction ; il étudiait les besoins et recherchait la source des abus, afin d'apporter le remède au mal, montrant partout une sagesse consommée et une bienveillance qui lui gagnait tous les cœurs.

Revenu de ses tournées de confirmation, il ne perdait pas de vue ceux qu'il venait de visiter. Il composait pour eux ces mandements, ces instructions, ces livres, ces prières remplies d'onction, où son âme aimante s'épanchait toute entière, et leur communiquait la flamme de l'amour divin, dont elle était dévorée ; il établissait de pieuses pratiques, et entre autres le souvenir de la passion du Sauveur, la dévotion au sacré-cœur de Jésus, et l'adoration perpétuelle du Saint-Sacrement, qui ont servi de modèle à plusieurs diocèses.

Le même motif de se rapprocher d'eux le portait à prêcher souvent dans sa cathédrale, à entendre les confessions et à administrer le baptême aux enfants, dont les parents en exprimaient le désir. Cette disposition le retint constamment dans son diocèse, qu'il ne quitta que cinq ou six fois pendant son long épiscopat ; et encore cet éloignement, toujours très court et déterminé par des causes graves, coûtait beaucoup à son cœur.

Mais il avait une prédilection marquée pour les pauvres, c'étaient-là, on le voyait, ses amis et ses enfants privilégiés. On lira avec un vif intérêt le récit touchant des immenses aumônes qu'il distribuait par lui-même ou par ses curés, auxquels il envoyait des sommes considérables, surtout dans les calamités publiques.

Cette charité inépuisable, ce dévoûment aux misères de l'humanité, qui s'étendaient au-delà des limites du diocèse, et jusqu'en Algérie et en Amérique, prenaient leur source dans une grande élévation de pensée et dans cet oubli profond de lui-même, qui se peignait dans toute sa vie. C'est là ce qui explique la facilité de son commerce, la simplicité de ses habitudes, la modestie de son train, la pauvreté de son ameublement et la frugalité de sa table, en dehors des exigences de son rang. Depuis son entrée dans sa ville épiscopale, où il se déroba à toute distinction honorifique, prenant possession de son église sans aucun éclat, jusqu'au jour où il expira dans une chambre, contenant pour tout mobilier, un pauvre lit, une table, deux chaises et un petit crucifix, il témoigna un grand mépris pour tout ce qui n'intéressait que l'honneur de sa personne, sans toucher au bien de la religion ou au bonheur de son troupeau.

Aussi, on verra sans étonnement le pardon magnanime qu'il accorde à son assassin, les efforts qu'il fait pour l'arracher au supplice et les bienfaits qu'il verse sur sa malheureuse mère, tandis qu'il déploie une juste sévérité contre quelques prêtres attachés à des doctrines hérétiques, et rebelles aux ordres du chef de l'église. Dans le premier cas, lui seul est en cause ; dans le second au contraire il s'agit de la gloire de Dieu et du salut de ses frères : Voilà le secret de cette indulgence, qui va jusqu'à une espèce d'excès, et de cette fermeté qui ne transige pas avec le devoir.

Ces mesures équitables, mais empreintes d'une certaine rigueur opposée à son caractère, et qui excitèrent de nombreuses plaintes de la part des Jansénistes, prouvent son zèle pour la pureté de la doctrine et son attachement au siége apostolique, auquel, à l'exemple de Bossuet, il était lié par le fond de ses entrailles, comme il aime à le répéter dans ses écrits. Aussi, pour peu qu'on réfléchisse sur sa conduite en matière de liturgie, on conviendra qu'il a usé avec une extrême réserve des priviléges admis alors comme incontestables par les plus savants et les plus saints évêques de France, et dont l'exercice ne provoquait aucune réclamation de la part de Rome, plus indulgente, il faut le dire, et plus sage que plusieurs de ses défenseurs.

Il donna de nouvelles preuves de son entière soumission aux décisions du Souverain Pontife, dans une circonstance solennelle. Appelé à représenter la province dans l'assemblée du clergé, en 1760, il exerça une salutaire influence sur les esprits, profondément divisés, dans des matières, où était engagée l'autorité du Saint-Siége. Il s'agissait de poser les questions à leur véritable point de vue, d'éclairer les doutes, de dissiper des préventions nombreuses et de faire adopter une résolution conforme aux saines doctrines. Ce résultat si important fut l'œuvre de Mgr de Pressy. Il composa, à cette occasion, un Mémoire remarquable, auquel sa modestie l'empêcha de mettre son nom, mais dont on ne doutera pas qu'il soit l'auteur, quand on aura lu les Mémoires que nous avons sous les yeux. Cet ouvrage fit une profonde impression sur les prélats réunis à Paris et prévint les déchirements dont on était menacé à cette époque critique. C'est un magnifique triomphe dû à l'ascendant des vertus et de la science de l'ancien évêque de Boulogne

Mais un évêque n'est pas seulement le représentant des intérêts divins dans les affaires religieuses. Par la nature de sa mission il se trouve souvent en face des situations sociales les plus diverses et les plus délicates. Il ne peut demeurer étranger au mouvement des idées, ni aux faits qui en découlent, sans compromettre les succès de son ministère et les droits sacrés de l'église. Mgr de Pressy le comprit. C'est pourquoi, malgré son profond respect pour l'autorité séculière, il n'hésita pas de réclamer contre les empiétements d'un corps, dont la puissance mettait quelquefois en échec le pouvoir royal lui-même, sans s'inquiéter des suites de sa courageuse démarche. Deux de ses mandements, relatifs à ces démêlés, furent supprimés par le parlement, blessé au vif par la force de ses représentations. Mais ces rigueurs ne purent lui faire changer sa ligne de conduite, parce qu'il était un de ces hommes qui regardent comme un devoir de proclamer la vérité, alors même qu'on s'efforce de l'étouffer, comptant pour peu d'être blâmé par ceux dont il signalait les vexations et par ces caractères faibles qui approuvent tout pour ne pas compromettre leur repos.

A cette indépendance, inséparable d'une conscience droite et éclairée, il joignait une sage appréciation des besoins de l'époque. Il lui paraissait dur de supprimer des fêtes célébrées dans son diocèse de temps immémorial; mais il crut devoir faire ce sacrifice aux circonstances où il se trouvait; remarquant, d'un côté, qu'elles étaient désormais peu respectées par les fidèles, et, de l'autre, que les pauvres n'avaient pas trop d'une semaine habituellement pour gagner leur pain quotidien. Quinze ans plus tard, Pie VII justifiait sa conduite, en souscrivant au concordat de 1801, où toutes les fêtes sont supprimées, à l'exception de quatre.

Ses idées sur la meilleure forme de gouvernement, sur l'organisation des secours et sur l'extinction de la mendicité, ne différaient pas de celles que nous avons aujourd'hui. On est étonné, en lisant ses ouvrages, de voir combien il avait sérieusement médité les diverses questions sociales qu'on a tant agitées depuis.

Ce qu'il pensait de la scolastique est une nouvelle preuve de la rectitude de son jugement et de son éloignement pour toute espèce de parti pris. Aujourd'hui, les uns blâment tout dans le moyen-âge; les autres y approuvent tout, sans distinction. Ce sont là deux extrêmes à éviter. La scolastique est une science utile et même nécessaire quelquefois pour élucider les doutes, fixer les doctrines au sein des écoles rivales et défendre la vérité contre les attaques de l'hérésie et du sophisme. Mais on peut en abuser comme l'ont fait certains écrivains du moyen-âge et des temps postérieurs, et c'est cet abus que blâme avec raison Mgr de Pressy.

Depuis longtemps déjà, le judicieux prélat considérait avec frayeur la marche des évènements et le mouvement des esprits. Il en mesurait la portée et en redoutait les suites, ainsi que plusieurs de ses mandements l'attestent. Néanmoins, il ne désespérait pas du salut de la patrie. Persuadé que tout citoyen doit à l'État son loyal concours, et croyant à une représentation nationale sérieuse, au moment de la réunion des États généraux, il présida à la rédaction des cahiers que son vicaire général, nommé député du clergé, devait porter à l'assemblée. Ces cahiers contenaient des aperçus intéressants et des projets d'améliorations en matières religieuses; mais il était facile d'y découvrir l'esprit de conciliation dont il était animé. Ses idées, à cet égard, allaient si loin, qu'il rendit à Dieu de solennelles actions de grâces d'avoir inspiré à la noblesse et au clergé assez de désintéressement pour renoncer à leurs priviléges, dans l'intérêt de la paix. Il y avait sans doute de l'illusion dans les espérances du généreux prélat. Mais cette illusion, il faut l'avouer, prenait sa source dans les plus nobles sentiments du cœur humain, puisque l'acte du 4 août l'atteignait au double titre d'évêque et de gentilhomme, et que, si la patrie avait pu être sauvée, elle l'eût été infailliblement par de tels sacrifices. Ce zèle pour le bien public l'accompagna jusqu'à ses derniers moments, car la mort le surprit lorsqu'il s'occupait d'un grand travail destiné aux membres de l'Assemblée nationale.

Cette esquisse de la vie de Mgr de Pressy, Messieurs, suffit pour marquer sa place, comme évêque, dans le XVIIIe siècle. Considérons-le maintenant comme apologiste, et essayons, en suivant toujours les auteurs des Mémoires, de lui assigner son rang parmi les défenseurs de la religion chrétienne.

Ce qui lui mérite ce titre, c'est son ouvrage sur l'accord de la foi et de la raison dans les mystères du christianisme, dont M. l'abbé Migne, éditeur de ses œuvres complètes, en 1842, disait : « Jamais des prières si universelles et si instantes ne
» ne nous étaient venues pour la réimpression d'un ouvrage,
» comme pour celui dont il s'agit. »

L'éminent auteur se propose surtout de réfuter les objections de Bayle et de Rousseau, dont les systèmes, selon lui, auront de nombreux partisans, tandis que la philosophie de Voltaire ne laissera aucune trace après elle. Cette opinion, étrange pour les esprits superficiels, dénote une connaissance profonde des doctrines philosophiques et de leur action sur l'intelligence humaine. En effet, que Voltaire étonne par la fécondité de son talent, on en convient ; qu'on lui assigne une place distinguée parmi les poètes français, c'est justice ; que sa plume ait été susceptible d'écrire l'histoire, s'il avait eu moins de préjugés, on l'accorde encore. Mais qu'on en fasse un philosophe, dans le vrai sens du mot, c'est-à-dire un penseur, ayant un ensemble d'idées, un corps de doctrines, un système avec son point de départ, sa méthode et ses formules scientifiques, c'est chose impossible. A-t-il fait école ? A-t-il appartenu à quelqu'une des écoles antérieures ou contemporaines ? A-t-il touché aux rudiments de la science, ou s'est-il élevé à de hautes considérations métaphysiques ? Il a écrit, il est vrai, sur les matières religieuses et philosophiques ; il a ses travaux bibliques et son dictionnaire ; il y manie avec habileté l'ironie, le sarcasme et le blasphème ; mais nuls principes fixes, nulles doctrines suivies, nul dogmatisme raisonné ; ses convictions en philosophie étant aussi incertaines, aussi vacillantes qu'en religion. Il peut donc avoir des imitateurs, mais non des disciples ; aussi, quand de nos jours, on parle de la philosophie de Voltaire, c'est pour signaler l'impiété railleuse, ou du moins l'indifférentisme religieux.

Il n'en est pas de même de Bayle et de Rousseau. Tous deux sont d'une école très-connue. Leur symbole, avec de légères nuances, est celui du rationalisme pur, excluant tout élément surnaturel, toute intervention d'une intelligence supérieure à celle de l'homme, et rejetant comme absurde ce que la raison ne peut saisir par ses seules lumières. D'où suit la négation absolue de toute religion fondée sur la révélation divine, et, par suite, des mystères qui sont l'objet de la foi. Le savant évêque de Boulogne comprenait la puissance d'une philosophie qui flatte l'orgueil humain et s'adresse directement à ses instincts d'indépendance intellectuelle dont il est le jouet. Il était témoin des ravages qu'elle causait au sein des écoles comme dans les rangs les plus élevés de la société et il en prévoyait les suites à jamais funestes pour les générations à venir.

S'est-il trompé dans ses douloureuses prévisions ? Le système suivi par ces deux hommes célèbres n'est-il pas encore celui des philosophes modernes ? N'est-il pas le fond des théories les plus accréditées ? L'éclectisme, le panthéisme, le progrès indéfini, les conceptions transcendantales, mythiques ou symboliques, importées d'Allemagne en France et renouvelées des anciennes théogonies orientales, qu'est-ce autre chose que la raison, rejetant tout criterium de vérité, pris en dehors d'elle-même, et par conséquent tout élément surnaturel dont la source est placée dans la révélation divine ? Et cet enseignement n'a-t-il pas fait une telle impression sur une foule d'hommes de notre siècle, qu'ils croient apercevoir un antagonisme radical entre la raison et la foi ?

Voilà le mal que signalait le vigilant évêque et auquel il voulait apporter un remède, ou du moins opposer une digue, par son ouvrage apologétique. Il y consacra vingt années de sa vie et eut pour but de réconcilier la raison avec la foi dans les mystères du christianisme; la Création, la Trinité, l'Incarnation, l'Eucharistie, la prédestination, les peines de l'enfer et les autres. Cette tâche était difficile, délicate et même dangereuse; mais il la remplit avec un talent remarquable. En lisant son livre, on est frappé de l'étendue de son érudition, de sa parfaite connaissance des systèmes et des objections de ses adversaires, qu'il expose avec candeur et réfute avec force. Dans ses recherches consciencieuses, il a tout mis à contribution : les livres saints, les pères de l'église, les théologiens, les philosophes anciens et modernes, la physique, la chimie, les mathématiques et la géométrie, lui ont fourni des comparaisons ingénieuses, des aperçus profonds et des démonstrations inattaquables. Aussi son ouvrage est un répertoire de tout ce qui a été écrit sur ces matières, à diverses époques, et un arsenal rempli d'armes victorieuses dont on peut faire usage dans toutes les luttes de la religion contre le rationalisme. Tel est le jugement qu'en ont porté une foule d'hommes distingués par leurs lumières, et qui suffit à lui seul pour le venger des critiques et des accusations dont il a été l'objet.

Ses adversaires, on le conçoit, ne lui pardonnait pas d'avoir battu en brèche leurs brillantes théories et d'en avoir montré le vide à l'aide de la raison elle-même, qu'ils invoquaient pour unique règle de certitude. Ne pouvant détruire son argumentation toujours rigoureuse, ils s'en prirent à son style qu'ils accusèrent de diffusion et d'obscurité; ils incidentèrent sur les comparaisons dont il se servait, et les vouèrent au ridicule, trouvant plus facile de plaisanter que de raisonner sérieusement.

Des gens honnêtes, effrayés de la part que l'évêque de Boulogne faisait à la raison, leur vinrent en aide, en disant que sa méthode était nouvelle, sa manière trop savante, trop au-dessus des masses, et même de beaucoup d'hommes instruits; ce qui rendait son livre inutile aux fidèles. Ils ajoutaient qu'en approchant si près du flambeau de l'intelligence les mystères de la foi, il les rabaissait au niveau des conceptions humaines et s'exposait à en altérer la nature. Plusieurs allaient jusqu'à soutenir qu'en certains points de doctrine, et spécialement en ce qui regarde les peines de l'enfer, il avait des opinions contraires à celles de l'église. Mais, pour peu qu'on se livre à l'examen de ces divers reproches, dont les docteurs et les théologiens les plus savants n'ont même pas été à l'abri, il est facile d'en apercevoir la faiblesse et l'injustice.

D'abord, on a évidemment exagéré les imperfections du style de Mgr de Pressy; mais, quand elles seraient aussi grandes qu'on le suppose, ne peut-on pas les expliquer par la nature du sujet qu'il traite, par l'énorme difficulté de se faire comprendre dans des matières si abstraites et qui se prêtent si peu à l'élégance du langage? Sans vouloir, d'ailleurs, diminuer les avantages attachés au talent de bien écrire, n'avouera-t-on pas que le principal mérite d'un pareil travail consiste, avant tout, dans l'étendue de l'érudition, dans la sagesse des doctrines et dans la rigueur du raisonnement.

Il se sert d'hypothèses, dit-on, dont quelques-unes ont excité le rire de ses antagonistes, mais ces hypothèses ont été faites par des auteurs renommés et en particulier par saint Augustin; elles jettent un grand jour sur l'enseignement des mystères, en les rapprochant des phénomèmes que nous observons en nous ou dans les autres créatures, et préviennent une foule d'objections, en révélant dans le monde des esprits et dans le monde matériel des faits nombreux aussi inexplicables que les vérités de la foi, et qu'on ne saurait révoquer en doute sans être taxé de folie. Cette méthode n'était pas inconnue dans le passé. Si notre apologiste lui a donné des développements réels dans sa polémique contre les incrédules, il y a été amené par les nécessités de l'époque. A des maux nouveaux il croyait devoir appliquer de nouveaux remèdes. C'est de la logique et du bon sens.

Sans doute, il faut se garder de trop donner à la raison humaine, dont les prétentions exorbitantes sont une source féconde d'erreurs. Mais, s'il y a danger à en étendre trop les limites, il y a aussi danger à lui dénier ses légitimes prérogatives. Le savant prélat a prudemment marché entre ces deux écueils, respectant le domaine également sacré de la saine raison et de la foi, détruisant leur antagonisme apparent sur le véritable terrain de la science, et se servant habilement de l'une et de l'autre pour poser l'édifice de la religion sur des bases inébranlables.

S'il demeure à une hauteur inaccessible aux masses, on ne peut lui en faire un grief, sans méconnaître le fond et les exigences de son sujet. La sphère religieuse et philosophique où il engageait la lutte avec ses adversaires, est un champ inexploré pour la plupart des fidèles; aussi le judicieux écrivain ne s'adressait-il pas à eux, mais à ses prêtres, qu'il voulait éclairer sur les tendances du siècle, et leur fournir les moyens de s'opposer au mouvement désordonné de sa science. En leur envoyant ses instructions, il leur recommandait d'en faire un usage prudent; il les avertissait que les comparaisons qu'elles contenaient, n'étant pas adéquates, comme parle l'école, présentaient nécessairement des points de vue qu'il fallait négliger; que les systèmes exposés par lui, en certaines matières délicates, n'étaient pas un enseignement de l'église, ni même toujours ses opinions personnelles; mais des données philosophiques ou théologiques, qu'on peut admettre sans blesser la saine doctrine, et par conséquent opposer aux plaintes formulées contre la hauteur ou la sévérité des dogmes chrétiens.

Telle a été sa pensée en particulier, en rappelant le sentiment de quelques théologiens, relativement aux peines de l'enfer, qui selon eux, pourraient perdre de leur intensité dans la série des siècles. Il ne le donne pas comme certain, pas même comme probable, mais seulement comme permis, l'église ne l'ayant condamné en aucun temps. Le cardinal Sfondrat, au XVIIe siècle, et, presque de nos jours, le savant et pieux M. Emery l'ont soutenu dans des écrits qui ont été mis sous les yeux du Saint-Siége, à diverses époques, et n'ont encouru aucune censure. Comment donc le condamner dans Mgr de Pressy, qui se contente de l'exposer, sans en prendre la responsabilité? Aussi son orthodoxie n'a pas souffert la moindre atteinte par la publication de cet ouvrage, qui a rendu un immense service à la religion et à la philosophie, et dont le profond savoir lui donne un rang distingué parmi nos apologistes.

Nous n'avons qu'un mot à dire sur ses œuvres ascétiques. Elles se composent de ses Heures, de son livre de la dévotion au Sacré-Cœur de Jésus et de ses mandements destinés au développement des vérités morales et des pratiques de la piété chrétienne. Ses Heures sont un recueil de maximes tirées des auteurs les plus estimés, de conseils appropriés aux diverses conditions de la vie, et de prières pleines d'onction, en parfaite harmonie avec les besoins de l'âme. Dans ses écrits relatifs au culte du Sacré-Cœur de Jésus et de la dévotion au St-Sacrement, on retrouve une science toujours sûre d'elle-même dans les points les plus délicats, une piété douce et confiante, mais sage et éclairée, et un zèle ardent pour le salut des âmes. Le style en est plus facile, plus coulant et plus pur que celui de ses ouvrages de polémique. Aussi ils font les délices des chrétiens pieux et fervents, en même temps qu'ils plaisent aux personnes instruites par la clarté de la doctrine et la justesse du raisonnement. D'où l'on conclûra avec raison qu'il ne mérite pas moins le titre d'auteur ascétique que celui d'apologiste de la religion.

Tel apparait Mgr de Pressy, Messieurs, à la lecture des Mémoires qui vous ont été envoyés, et surtout de celui qui porte le n° 1er. Il a été un évêque remarquable par l'éminence de ses vertus et la sagesse de son organisation diocésaine, par le rôle éclatant qu'il fut appelé à jouer dans le clergé de France, par la fermeté de son caractère dans les luttes qu'il eut à soutenir, par ses vues élevées et son coup-d'œil sûr dans les évènemens auxquels il fut mêlé; enfin par son invincible dévouement à la cause du bien. Son apologie des mystères du christianisme restera comme un magnifique monument de sa science, de son zèle et de son intelligence des besoins de son époque, et des dangers de l'avenir; ses livres de piété montreront toutes les richesses de son âme, les touchantes qualités de son cœur et le don précieux qu'il possédait de faire aimer la vertu. Triple couronne que les auteurs des Mémoires ont posée sur son front; mais qu'il doit avant tout à l'initiative de l'Académie.

Le moment est venu, Messieurs, de faire connaître les motifs qui ont déterminé les préférences de la Commission que vous avez nommée, en comparant le travail des deux concurrents.

Partis du même point de vue pour atteindre un but identique, la glorification de la vie et des écrits de Mgr de Pressy, ils suivent une marche différente dans la disposition du sujet. L'auteur du n° 2 le divise en deux parties, dont la première est consacrée au récit de la vie du prélat, et la seconde à l'examen de ses ouvrages. Celui du n° 1er au contraire suit l'ordre des temps, signalant les faits et les écrits à l'époque, où ils se produisent, et encadrant dans des chapitres divers les matériaux qui présentent une même physionomie, c'est-à-dire, l'unité des idées.

La première méthode paraît avoir deux avantages incontestables : elle facilite la suite et l'entrain de la narration, en évitant les coupures et les points d'arrêt ; ensuite elle permet de réunir les écrits par catégories et de porter des jugements collectifs, d'où ressort cette vue d'ensemble toujours agréable au lecteur dont elle abrège l'étude et épargne les recherches. Aussi la Commission lui donnait la préférence, avant de commencer son examen.

Mais lorsqu'elle vit que pour ne pas amaigrir sa première partie, l'auteur était forcé d'y faire entrer les matériaux qui appartenaient à la seconde, s'exposant au regrettable inconvénient de se répéter, ou de renvoyer le lecteur à ce qui avait été dit ; lorsqu'elle remarqua avec quelle habileté l'auteur de la seconde méthode fondait les faits avec les écrits, tirant de ces derniers les véritables éléments de la vie de l'évêque, au moment où ils paraissent, faisant ressortir, à l'aide des jugements qu'il en porte, le tact de sa conduite, la noblesse de son caractère, la pureté de ses vues et la supériorité de ses lumières dans les circonstances diverses où il se trouve ; lorsqu'enfin elle parcourut le catalogue des ouvrages du prélat ordonnancé avec un art admirable, à la fin du Mémoire, où chacun d'eux s'offre à l'amateur avec l'indication de sa date et de son objet, elle n'hésita plus à préférer la marche adoptée par l'auteur du Mémoire n° 1er.

La manière de dire des deux concurrents est d'une parfaite convenance. Partout on rencontre cette réserve, cette modération et cette dignité qui excluent l'injure, l'âpreté du ton, la dureté de la forme, et jusqu'à cette ardeur de zèle contre laquelle on se met trop rarement en garde. L'auteur du Mémoire n° 1er a ici d'autant plus de mérite, qu'il touche plusieurs points délicats, passés sous silence par l'auteur du Mémoire n° 2 comme on le verra plus loin.

Le style n'est entièrement irréprochable ni dans l'un ni dans l'autre. Dans le n° 1er, il a de la pesanteur au début, mais il s'anime bientôt au souffle de l'admiration, inspirée par la vie du prélat. Si on y remarque quelques phrases moins heureuses, moins châtiées, ou légèrement prétentieuses, elles disparaîtront facilement aux épreuves de l'impression. Il y a plus de défauts dans le Mémoire n° 2. On y rencontre assez fréquemment des mots impropres et l'ensemble du travail témoigne d'une certaine inexpérience qu'on ne trouve pas dans son concurrent, dont la facture dénote l'habitude d'écrire.

On verra également des longueurs dans les deux ; mais l'auteur du Mémoire n° 1er s'efforce de les justifier par des motifs qui paraîtront peut-être à beaucoup de personnes une excuse très-légitime.

Nous arrivons à ce qui différencie les deux Mémoires d'une manière plus tranchée.

D'abord, le n° 1ᵉʳ est plus complet et plus plein que le n° 2. Que l'auteur ait été mieux servi par les documents, ou qu'il soit plus habile à les mettre en œuvre, on ne peut lui contester la supériorité sous ce rapport. Il donne d'intéressants détails, omis par son concurrent, sur la généalogie de Mᵍʳ de Pressy, sur son entrée épiscopale à Boulogne, sur plusieurs autres actes de sa vie, mais surtout sur sa conduite dans l'affaire des *Appelants;* conduite si calomniée par le parti Janséniste, et qu'il était par conséquent nécessaire de justifier. L'auteur, on le voit, a puisé dans des notes de famille, dans les registres du chapitre de Boulogne et dans diverses pièces, mandements, instructions pastorales ou lettres, au nombre de plus de cent, qui ne sont pas entrées dans l'édition de Migne, dont s'est servi l'auteur du n° 2.

Outre cet avantage considérable, il faut lui reconnaître une plus grande aptitude à enchaîner les faits entr'eux, à les relier aux faits antérieurs, à en expliquer les causes, à en déduire les conséquences. Aussi, en le lisant, non-seulement vous assistez aux événements du moment, mais vous en apercevez la liaison avec ceux qui se sont passés du temps des précédents évêques; de sorte que vous avez sous les yeux les principaux traits de l'histoire ecclésiastique de la contrée pendant près d'un siècle. Car la méthode qu'il applique aux faits, il l'emploie également pour les écrits dont il révèle l'origine et le but, en comparant la situation actuelle avec les actes des épiscopats antérieurs, montrant les améliorations qui sont l'œuvre de Mᵍʳ de Pressy, les obstacles qu'il avait à vaincre et les résultats qu'il a obtenus. On sent qu'il domine sa matière et l'assouplit à son gré pour en tirer tout le parti dont elle est susceptible.

Ces considérations nous conduisent à un autre genre de supériorité du Mémoire n° 1er, c'est qu'il met plus en lumière quelques points saillants de la biographie de l'évêque de Boulogne ; ainsi il fait mieux voir la sagesse et l'opportunité de ses lois disciplinaires, et par là il donne une véritable importance à ses statuts synodaux, sous le rapport de la législation ecclésiastique. Il caractérise plus heureusement son attitude et son influence à l'assemblée du clergé de 1760, par le soin avec lequel il démontre qu'il est réellement l'auteur du Mémoire anonyme qui a réuni les suffrages de tous les évêques. Il met le lecteur plus à même d'apprécier ses idées larges et la justesse de ses aperçus sur les hommes et les choses du temps, sur le mouvement des esprits et la marche des graves évènements de l'époque. Et cet aspect sous lequel il permet de l'envisager est d'autant plus intéressant qu'il était jusqu'ici moins connu.

Enfin, il le venge avec plus d'éclat des reproches qui lui ont été adressés relativement aux changements liturgiques qu'il crut devoir opérer, et des accusations formulées contre certaines doctrines de son livre apologétique. Dans le premier cas, il prouve qu'il a suivi les coutumes admises par tous les évêques du royaume et marché sur les traces des plus vénérés d'entre eux. Dans le second, il établit avec force la parfaite orthodoxie de son enseignement, et sa dissertation à ce sujet se fait remarquer par la convenance des formes, la sûreté des principes et la solidité des arguments.

En reconnaissant, Messieurs, la supériorité du Mémoire n° 1er, la Commission n'a pas perdu de vue le mérite relatif du Mémoire n° 2. Elle le regarde au contraire comme une étude consciencieuse, comme un travail savant et solide à la fois, qui a droit à vos sympathies et à vos encouragements. Aussi, si elle demande la médaille d'or pour l'auteur du premier, elle sollicite pour l'auteur du second une mention très-honorable et une médaille d'argent commémorative.

Les conclusions de ce rapport, ont été adoptées.

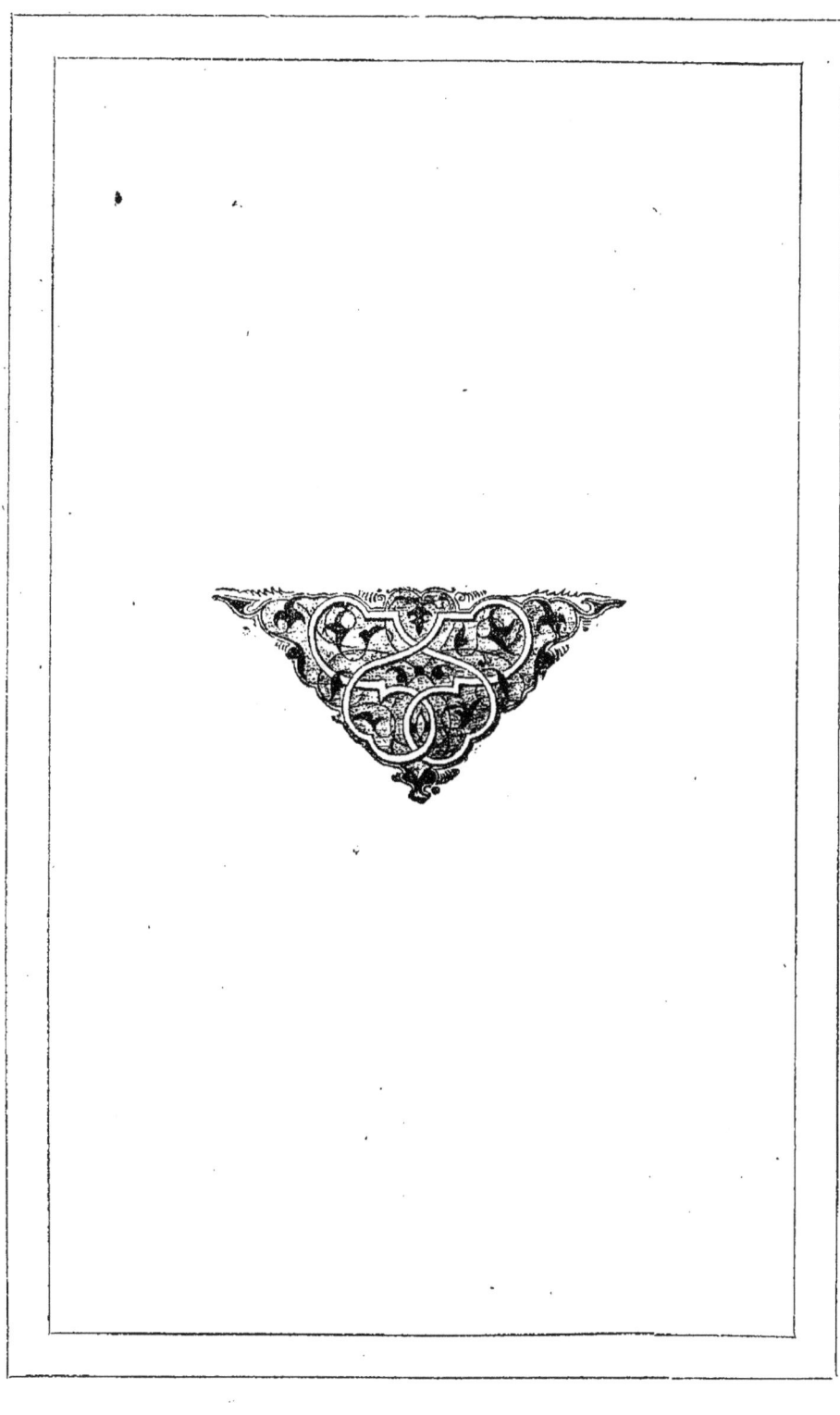

www.ingramcontent.com/pod-product-compliance
Lightning Source LLC
Chambersburg PA
CBHW060552050426
42451CB00011B/1861